Bilder suchen – Wörter finden

Meine ersten Wimmelbilder

Im Kindergarten

Guten Morgen! Die  zeigt 7 Uhr. Im Kindergarten ist schon viel los! Lena zieht selbst ihre  an. Von zu Hause hat sie ihre  und die  mitgebracht. Paul braucht noch schnell ein . Die  wartet schon.

Teddy ist krank. In dem ist alles, was Marie braucht.
Lena legt ihre in den . Emma und Noah
malen lieber mit den und dem .
Und wo sind die geblieben?

Tut! Tut! Emma fährt mit dem . Noah nimmt lieber den . Im lassen sich gut backen. Es sind genug und da. „Lass meinen los!“ Aber wer streitet da?

Essenszeit! Vorher gehen alle schnell aufs .

Lena kann schon auf der Pipi machen. Noah und Emma sind fertig und essen bereits. Alle Kinder haben ihren eigenen und ihre eigene .

Hanna braucht noch ein .

Nach der Mittagsruhe ziehen die Kinder  oder  an.

In der Turnhalle lässt es sich besonders gut toben.

Noah und Emma sitzen im . Oskar hüpft auf dem .

Carlotta hüpft lieber auf dem .

Heute gehen sie gemeinsam in den Streichelzoo. Emma und Noah zieht es gleich zu den [picture]. Ein paar Kinder möchten auf dem [picture] reiten. Zwei [picture] dürfen frei herumlaufen. Zu den [picture] und [picture] muss man ins Gehege klettern.

Die  ist gepackt? Die  und die  sind da. Lena ist schon ganz gespannt und zieht ihre  aus. Im Kindergarten tragen alle Kinder nur . Ob es im Garten ein  gibt? Und ob sie im Streichelzoo ein  anfassen darf?

Groß werden
COPPENRA

0–6 Monate	Ankommen und Staune
6–12 Monate	Krabbeln und Begreife
12–18 Monate	Laufen und Erobern
18–24 Monate	Sprechen und Entdecke
24+ Monate	Erzählen und Verstehe

Ganzseitige Wimmelbilder und einfache Mitlesegeschichten laden schon die Kleinsten zum Suchen und Mitsprechen ein.

Illustrationen: Sybille Brauer

5 4 3 2 1 26 25 24 23 22

CH: Baumgartner AG, Centralweg 16, 8910 Affoltern

www.coppenrath.de

ISBN 978-3-649-64261-9
9,00 € (D)
9,30 € (A)